Schreiben

Texte planen, schreiben, überarbeiten

Nina Bode-Kirchhoff
Erika Brinkmann
Jennifer Reiske

3/4

verlag für pädagogische medien

INHALT

Ein Text entsteht in mehreren Schritten

1. Eine Schreib-Idee finden

Überlege zu welchem Thema du etwas schreiben möchtest und für wen. In diesem Heft begegnest du vielen Schreib-Ideen. Falls du noch mehr Schreib-Ideen suchst, kannst du das Würfelspiel auf der Rückseite des Heftes nutzen.

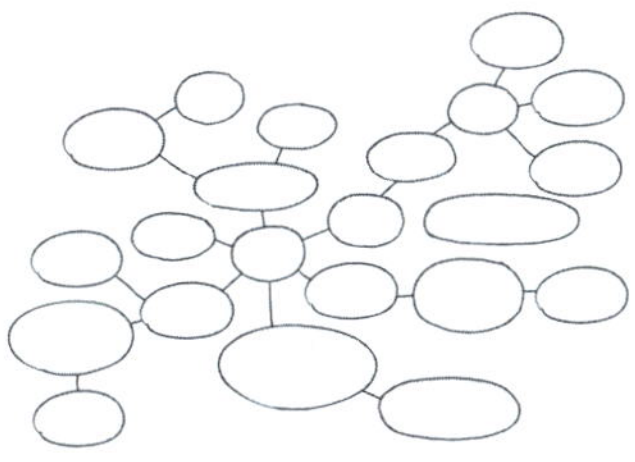

2. Einen Text planen

Du kannst deinen Text zum Beispiel mit Hilfe einer Wörtersammlung, einem Ideennetz, den W-Fragen oder einem roten Faden planen. Brauchst du noch mehr Informationen zu deinem Thema, kannst du in Büchern und im Internet nachschauen oder Experten befragen.

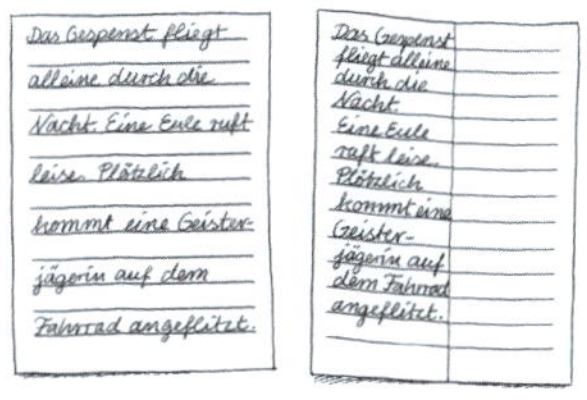

3. Einen Entwurf schreiben

Schreibe zuerst einen Entwurf. Wenn du nur in jede zweite Zeile schreibst, hast du später Platz zum Überarbeiten. Du kannst die Seiten auch in der Mitte falten und immer nur bis zum Knick schreiben. Wenn du deinen Text veröffentlichen oder vorstellen willst, musst du ihn vorher noch überarbeiten.

4. Einen Text überarbeiten

Gemeinsam geht es oft leichter. Suche dir Kinder für eine Schreibkonferenz. Der Protokollbogen (als Kopiervorlage) oder der Schreibkonferenz-Fächer können euch helfen.

5. Einen Text veröffentlichen

Wenn alle Wörter richtig geschrieben sind, kann man den Text besser lesen. Bringe ihn dann in eine schöne Form.

6. Einen Text vorstellen

Übe das Vorlesen deines Textes vor der Vorstellung, zum Beispiel mit einem Partnerkind. Frage nach:
Was war schon gut? Was kann ich noch besser machen?

Datum: ______

Wie können Texte sein?

Schreibe noch mehr passende **Adjektive** (Wiewörter) in den Drachen.

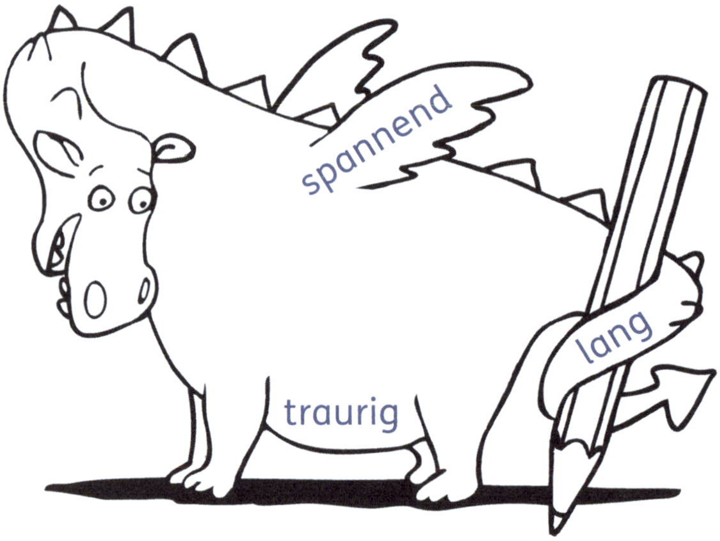

Was kannst du schreiben (Textsorte)?

______

______

Worüber kannst du schreiben (Thema)?

______

______

Für **wen** kannst du schreiben (Adressat)?

______

______

Wo kannst du gut schreiben (Ort)?

______

Wie möchtest du gerne sein?

WORTART: Adjektive

Wörter, die sagen, **wie** etwas ist oder **wie** etwas geschieht, heißen **Adjektive** (Wiewörter).

Kreuze an.

☐ lustig ☐ schnell ☐ faul ☐ töricht

☐ hilfsbereit ☐ stur ☐ schlau ☐ wütend ☐ hübsch

☐ lahm ☐ schüchtern ☐ gesund ☐ doof ☐ höflich

☐ ängstlich ☐ intelligent ☐ albern ☐ mutig ☐ unfreundlich

☐ nett ☐ fleißig ☐ hässlich ☐ klein ☐ einfältig

☐ geizig ☐ friedlich ☐ bange ☐ schlank ☐ langweilig

☐ dick ☐ frech ☐ groß ☐ zornig

☐ liebenswert ☐ schlagfertig ☐ krank ☐ schön

☐ traurig ☐ grob ☐ vertrottelt ☐ cool

☐ selbstsicher ☐ fein ☐ glatt ☐ lieb

☐ ruhig ☐ neugierig ☐ sanft ☐ furchtbar

☐ ____________ ☐ ____________ ☐ ____________

Schreibe hier auf, wie du **nicht** sein möchtest.

____

____

____

Datum: ____________________

Was passt zusammen?

WORTART: Adjektive

Wörter, die sagen, wie etwas ist oder wie etwas geschieht, heißen **Adjektive** (Wiewörter).

Verbinde.

rund sauer langsam krumm stachelig hell gefährlich

Welche Adjektive passen hier? Finde mindestens 2 Adjektive zu jedem Bild.

 ____________________

 ____________________

 ____________________

Diese Fragen können dir helfen:
Wie sieht der Gegenstand aus?
Wie fühlt er sich an?
Wie schmeckt oder riecht er?

Verbinde die Gegensätze.

satt	krank	kurz	traurig	leise
laut	fröhlich	hungrig	gesund	lang

Zu vielen Adjektiven kannst du einen **Gegensatz** finden:
klein ⟷ groß
hell ⟷ dunkel

Ergänze die Gegensätze.

eckig ⟷ ____________________ leicht ⟷ ____________________

Ein Tier beschreiben

Beschreibe ein Tier so genau, dass die anderen erraten können, welches Tier du meinst.

Das Tier, das ich beschreibe, ____________________

____

____

____

____

____

____

Diese Fragen helfen dir:
Ist es kleiner oder größer als eine Katze?
Welche Farbe hat es?
Wie fühlt es sich an?
Was ist das Besondere an diesem Tier?
Was frisst es?
Wo lebt es?

Adjektive können dir helfen, Menschen, Tiere oder Dinge genauer zu beschreiben, zum Beispiel:
gefährlich, wild, zahm, weich, groß, giftig, gestreift, braun, stachelig, gefleckt, langsam, ...

Datum: ____________

Wer ist es?

TEXTSORTE: Beschreibung

In einer **Beschreibung** werden Menschen, Tiere, Dinge, Ideen oder Erlebnisse dargestellt.

Beschreibungen können zum Beispiel helfen, einen Weg zu finden, eine Person oder ein Tier wiederzuerkennen, ein Erlebnis darzustellen.

Eine Beschreibung besteht aus möglichst genauen Informationen.

Welches Tier meine ich?
Es ist das größte Säugetier der Welt.
Sein Schwanz ist eine mächtige Flosse.
Es lebt im Meer, aber es ist kein Fisch.
Seine Kinder heißen Kälber.
Es hat ein großes Maul
und kann mit Wasser spritzen.

Antwort: ____________

Adjektive (Wiewörter) können dir helfen, eine andere Person möglichst genau zu beschreiben. Suche weitere Adjektive (Wiewörter).

Wie kann eine Person sein?

frech, nett, stark, ____________

____

Wie kann eine Person aussehen (Haare, Augen, Gesicht, ...)?

groß, klein, zierlich, ____________

____

Personenbeschreibung

Beschreibe ein Kind aus deiner Klasse so,
dass die anderen erraten können, wen du meinst.

Das Kind, das ich beschreibe, ______________________

____

____

____

____

____

____

____

____

____

____

____

____

Als oder **wie**?
Wenn du etwas vergleichst, brauchst du die Wörter **als** und **wie**.
Ist etwas gleich, verwende **wie**. ⟶ Er ist genauso groß **wie** ich.
Ist etwas verschieden, verwende **als**. ⟶ Sie ist größer **als** ich.

Datum: ____________

Adjektive und ihre Vergleichsformen

Die meisten Adjektive kann man steigern:
Pia rennt **schnell**. (Positiv)
Finn rennt **schneller**. (Komparativ)
Tereza rennt am **schnellsten**. (Superlativ)

Trage in die Tabelle die Vergleichsformen ein.
Suche 2 weitere Adjektive und steigere sie.

Positiv	Komparativ	Superlativ
schnell	schneller	am schnellsten
schön	schöner	am schönsten
groß	größer	am
lieb		am liebsten
	toller	
		am kältesten
laut		
	gruseliger	
		am kleinsten

Achtung! Es gibt einige Adjektive, die anders gesteigert werden.
Dies sind Adjektive mit besonderen Vergleichsformen.

gut	besser	am besten
viel	mehr	am meisten
gern	lieber	am liebsten

Adjektive helfen beim Vergleichen

Und du? Was ist an dir am tollsten? Was kannst du am besten?
Hier darfst du so richtig übertreiben und angeben.

Ich ____________________

____

____

____

____

____

Datum: ______________

Eine Gruselgeschichte schreiben

Mit Adjektiven (Wiewörtern) kannst du Orte, Gegenstände, Personen und Handlungen genauer beschreiben und damit eine besondere Stimmung erzeugen:
- Ella ging durch den Garten und klopfte an die Tür.
- Ella ging **fröhlich** durch den **gepflegten** Garten und klopfte an die **frisch gestrichene** Tür.
- Ella ging **langsam** durch den **verwilderten** Garten und klopfte **ängstlich** an die **uralte** Tür.

Suche Adjektive (Wiewörter) für eine gruselige Geschichte.

unheimlich, leise, kalt, finster, eisig, schaurig,

dunkel,

____

____

____

Plane deine Gruselgeschichte.
Beachte dabei die folgenden Fragen:
- Wer spielt in deiner Geschichte mit?
- Wo spielt die Geschichte?
- Welche Geräusche kann man hören?
- Was passiert Gruseliges?
- Welche Gefühle haben die Personen?

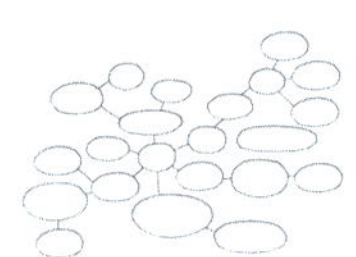

Schreibe einen **Entwurf** für deine Gruselgeschichte.

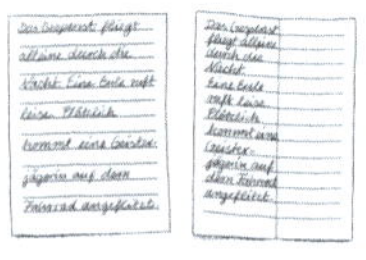

Sprich mit anderen Kindern über deinen Entwurf in einer **Schreibkonferenz**.
Achtet besonders auf die Adjektive.
Ist die Geschichte gruselig?

Datum: ______________________

Meine Gruselgeschichte

Schreibe deine fertige Geschichte hier auf.

Stelle den anderen Kindern deine Geschichte vor.

Datum:

Adjektive ergänzen

Lies die beiden Texte. Ergänze die Sätze.

1. Da sah Linus den Hund.

Da sah Linus den großen Hund.

Er hatte Fell und Ohren.

Der Hund schaute Linus an.

Linus lief weg.

2. Da sah Linus den Hund.

Da sah Linus den niedlichen Hund.

Er hatte Fell und Ohren.

Der Hund schaute Linus an.

Linus streichelte den Hund.

Unterschrift der Lehrkraft

Adjektiv

Notizen nutzen

TEXTSORTE: Notizen

Eine **Notiz** ist eine kurze aufgeschriebene Information.
Oft werden nur Stichworte aufgeschrieben, manchmal auch kurze Sätze.
Stichworte sind besonders wichtige Wörter.

Bin erst um 4 Uhr
wieder da!
Kuss, Mama

Einkaufen:
1 Zylinder,
weiße Handschuhe,
1 kleines Kaninchen

Tom hat angerufen!

Hast du morgen
Zeit?

Grizzly: bis 2 m groß
270 kg schwer
20–25 Jahre alt
Allesfresser

Montag, 5. Juli:
6 Bücher zurück in
die Stadtbücherei!

Paket beim
Nachbarn abholen!
Paket nicht
schütteln!

Wem könnte der Einkaufszettel gehören? ____________

Was erfährst du über den Pottwal?
Unterstreiche die wichtigen Wörter. Mache dir Notizen.

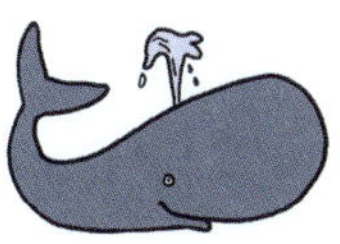

Der Pottwal

Der Pottwal ist der größte Zahnwal. Er kann 1000 Meter tief tauchen. Nach einer Stunde unter Wasser muss der Pottwal auftauchen und atmen. Als Nahrung bevorzugt er Riesenkraken. Ein Pottwal kann sich über weite Strecken hinweg mit Rufen und Gesängen verständigen.

größter Zahnwal
____
____
____
____
____

Eine Notizzettel-Geschichte schreiben

1. Wähle einen Notizzettel von Seite 15 als **Schreibidee** aus.

2. Was fällt dir zu dem Notizzettel ein?
Plane deinen Text, zum Beispiel mit einem Ideennetz, den W-Fragen, dem roten Faden oder einer Wörtersammlung.

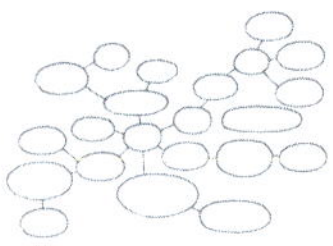

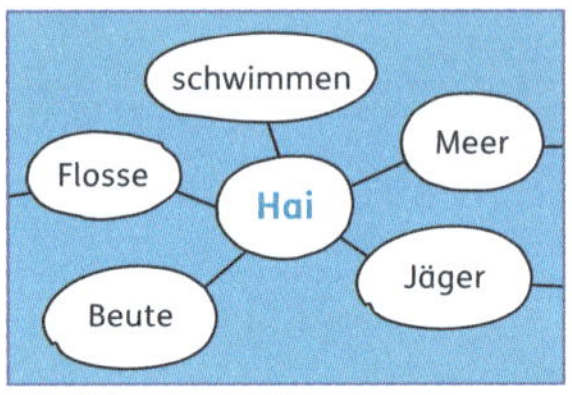

Was hast du gemacht? **Was** ist passiert?

Wer war dabei?

Wann passierte es?

Wo passierte es?

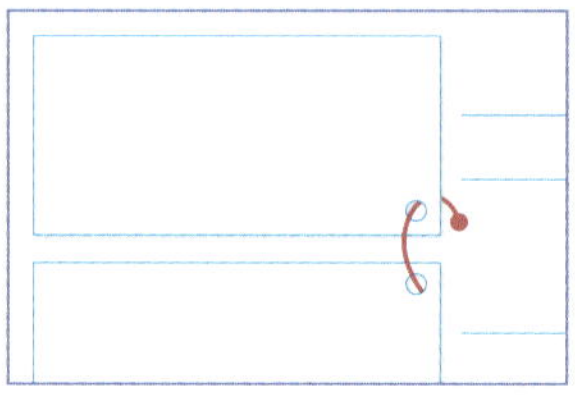

Wörter-Sammlung

Beispiel:
Meine Wörter-Sammlung: **Hunde** bellen, der Welpe, füttern, gefährlich ...

Meine Textplanung:

3. Schreibe einen **Entwurf** für deine Notizzettel-Geschichte.

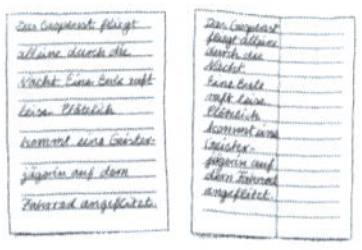

4. **Überarbeite** deinen Entwurf.

Meine Notizzettel-Geschichte

Schreibe die fertige Geschichte hier auf.

Stelle anderen Kindern deinen Text vor.

Datum: ______

E-Mails und digitale Kurzmitteilungen

TEXTSORTEN: E-Mail und digitale Kurzmitteilung

Eine **E-Mail** (elektronischer Brief) wird über das Internet versendet.
Sie ist viel schneller beim Empfänger als ein Brief aus Papier.
Um jemandem eine E-Mail zu schicken, brauchst du eine eigene E-Mail-Adresse, zum Beispiel: miri-b@mailbox.de
Eine **digitale Kurzmitteilung** ist eine kurze Nachricht, die man mit dem Handy verschicken kann, zum Beispiel als SMS oder WhatsApp oder Tweet.
Darin schreibt man nur das Wichtigste mit möglichst wenigen Wörtern.
Eine SMS hat maximal 160 Zeichen.

Viele Menschen verwenden in ihren E-Mails und digitalen Kurzmitteilungen grafische Zeichen wie **Emojis** (japanisch für Bildschriftzeichen).
Mit Emojis können Stimmungen und Gefühle dargestellt oder längere Wörter ersetzt werden.
Oft hat ein Emoji mehrere Bedeutungen.

Was könnten diese Emojis bedeuten? Schreibe auf.

 ______

 ______

 ______

Denke dir weitere Emojis aus.
Schreibe auf, was sie bedeuten.

☐ ______

☐ ______

Lösung: Mögliche Bedeutungen: 1. frech, albern, Scherz; 2. Hallo, Tschüss, kein Freund mehr; 3. vor etwas die Augen verschließen, sich schämen (für andere)

So kurz wie möglich

Mona möchte ihrer Freundin Sara eine digitale Kurzmitteilung schreiben.
Hier steht, was Mona in einem Brief an Sara schreiben würde.

Liebe Sara!

Vielen Dank für Deine E-Mail und Deine Einladung ins Kino!
Ich hatte Dich gleich angerufen, aber da hat niemand abgenommen.
Gerne würde ich mit Dir am Wochenende ins Kino gehen!
Wie wäre es am Sonntagnachmittag? Hast Du da Zeit?
Weißt Du, welche Filme gerade im Kino gezeigt werden?

Wir könnten uns vorher noch Popcorn kaufen!
Ich sitze gerade im Bus nach Hause.
Ich rufe Dich nachher an!

Viele Grüße, Mona

Kannst du Mona helfen ihren Text kürzer zu machen?
Was ist das Wichtigste im Brief?
Was kann man alles weglassen?

Schreibe den Text von Mona als digitale Kurzmitteilung an Sara.
Du kannst auch Emojis verwenden.

____

____

____

____

____

Der Brief hat 347 Zeichen (Buchstaben und Satzzeichen).
Zähle nach: Wie viele Zeichen hat dein Text? ____________

Für ein Plakat recherchieren

1. Zu diesem Thema möchte ich etwas herausfinden:

____

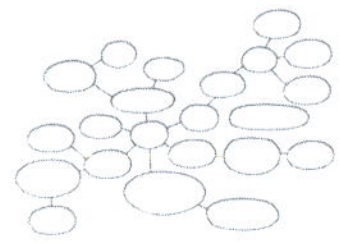

2. Diese Fragen habe ich:

Frage 1: ____

Frage 2: ____

Frage 3: ____

Frage 4: ____

Frage 5: ____

3. Sammle Informationen zu deinem Thema. Versuche in Sachbüchern oder im Internet Antworten auf deine Fragen zu finden. Lies die Texte sorgfältig durch. Mache dir Notizen mit den wichtigsten Informationen. Manchmal entstehen dabei neue Fragen.

Suchmaschinen für Kinder helfen dir, im Internet Informationen zu finden:
www.blinde-kuh.de
www.fragfinn.de
www.helles-koepfchen.de

4. Schreibe die wichtigsten Informationen als kurze Sachtexte oder in Stichworten auf.

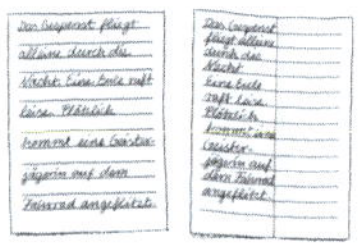

TEXTSORTE: Sachtext

Ein **Sachtext** soll über ein bestimmtes Thema informieren. Sachtexte kann man über Menschen, Tiere, Pflanzen, andere Länder und vieles mehr schreiben. Sachtexte stehen zum Beispiel in einem Lexikon.

5. Überarbeite deine Texte und Stichworte. Für die Veröffentlichung muss alles richtig geschrieben sein, damit man es gut lesen kann. Sind alle Fragen beantwortet?

Ein Plakat gestalten

Hier siehst du, was für die Gestaltung eines Plakates wichtig ist.

DER KAKADU

Größe: 30–66 cm
Alter: 80 bis 100 Jahre
(in Gefangenschaft)
Nahrung: Samen, Kräuter, Beeren, Früchte, Raupen

Lebensraum: tropische Regenwälder, Savannen, an der Küste in: Neuguinea, Neuseeland, Australien, Philippinen

Es gibt 21 verschiedene Arten von Kakadus, z. B.: Gelbhauben-Kakadu, Rosa-Kakadu, Inka-Kakadu

Besondere Merkmale:
– bewegliche Federhaube
– kräftiger Schnabel

von May und Lara, Klasse 3c, 15.05.2019

Überschrift in großen, gut lesbaren Buchstaben

Kurze Texte oder **Stichworte** mit den wichtigsten Informationen

Verschiedene **Bilder** aus Zeitschriften, selbst gezeichnet oder ausgedruckt, die den Inhalt der Texte unterstützen

Angaben zu Name, Klasse und Datum

Schreibe mit Bleistift vor.
Wenn alles richtig ist, ziehe die Wörter mit Filzstift nach.

Stelle deiner Klasse mit Hilfe des Plakates vor, was du über dein Thema herausgefunden hast.
Übe deinen Vortrag vorher mit einem anderen Kind.

Wenn du dir Stichworte als Erinnerungshilfe auf kleine Karten schreibst, kannst du dein Plakat vorstellen, ohne vom Plakat ablesen zu müssen.

Datum: ______________________

Du bist ein Reporter oder eine Reporterin

TEXTSORTE: Interview

Ein **Interview** (sprich: Interwju) ist ein Gespräch.
Eine Person, zum Beispiel ein Reporter, stellt Fragen,
um etwas über eine Person oder ein spezielles Thema zu erfahren.

Interviews stehen auch in Zeitungen und Zeitschriften. Außerdem kann man sich Interviews im Fernsehen anschauen oder im Radio anhören.

Suche dir einen Interviewpartner aus.
Was würdest du gerne von ihm wissen?
Überlege dir Fragen und schreibe sie auf.
Befrage dann die ausgewählte Person.

Meine Fragen an ______________________

Frage: ______________________

Antwort: ______________________

____

Frage: ______________________

Antwort: ______________________

____

Frage: ______________________

Antwort: ______________________

____

Frage: ______________________

Antwort: ______________________

Als ich klein war

Sammle Informationen: Frage deine Eltern oder andere Personen, woran sie sich aus deiner Baby-Zeit erinnern.

Um wie viel Uhr bin ich geboren? ______________________

Wo bin ich geboren? ______________________

Wann habe ich laufen gelernt? ______________________

Hatte ich ein Kuscheltier? ______________________

Wo habe ich am liebsten geschlafen? ______________________

Was war mein erstes Lieblingsessen? ______________________

Was war mein erstes Wort? ______________________

Hatte ich einen Schnuller? ______________________

Wer hat meinen Namen ausgesucht? ______________________

Was für Fragen hast du noch?

____

____

____

Wer hat dir das alles erzählt?

____

Erzähle in der Klasse, was du herausgefunden hast.

Datum: ______________________

Informationen finden

Lies den Text von Maxim.
Unterstreiche die wichtigsten Informationen über Seepferdchen.

Seepferdchen

Ich mag Seepferdchen.
Sie gehören tatsächlich zu den Fischen,
auch wenn sie überhaupt nicht so aussehen.
Seepferdchen sind meine Lieblingstiere.
Ihre Flossen sind fast ganz zurückgebildet.
Ungewöhnlich für einen Fisch ist auch
ihre Körperhaltung:
Sie schweben aufrecht im Wasser.
Nicht waagerecht wie die anderen Fische.
Das würde ich auch gerne können.
Ihre Schwanzflosse ist ein Greifschwanz,
mit dem sie sich an Pflanzen festhalten können.
Ich stelle mir gerne vor, wie ich auf einem Seepferdchen
durch das Meer reite.

Was erfährst du über Seepferdchen? Schreibe Stichworte auf.

____

____

____

Wie alt können Seepferdchen werden? Suche in Sachbüchern oder im Internet.

Antwort: ______________________________________

Hier habe ich die Antwort gefunden: ________________________

______________________ Unterschrift der Lehrkraft

Datum: ____________________

Lolas Rezept

Wähle für Lola die Zutaten aus.
Schreibe sie in die passenden Lücken.

Einmal hatte Lola
ein kleines Hüngerchen.
Sie fand eine Scheibe Brot.
Was sollte sie obendrauf legen?

Wenn du nach **wen** oder **was** fragen kannst, wird **der** zu **den**.
Beispiel: **Was** kauft Lola?
→ Lola kauft **den** Fisch. (**der** Fisch)
→ Lola kauft **die** Tomate. (**die** Tomate)
→ Lola kauft **das** Salz. (**das** Salz)

Als Erstes schnitt sie **den** ____________________ und legte **ihn** obendrauf.

Dann nahm sie **die** ____________________ und legte **sie** obendrauf.

Danach wählte sie **das** ____________________ und legte **es** obendrauf.

Jetzt schnitt sie noch **die** ____________________ und legte **sie** obendrauf.

Dann nahm sie noch **das** ____________________ und legte **es** obendrauf.

Als Letztes wählte sie **den** ____________________ und legte **ihn** obendrauf.

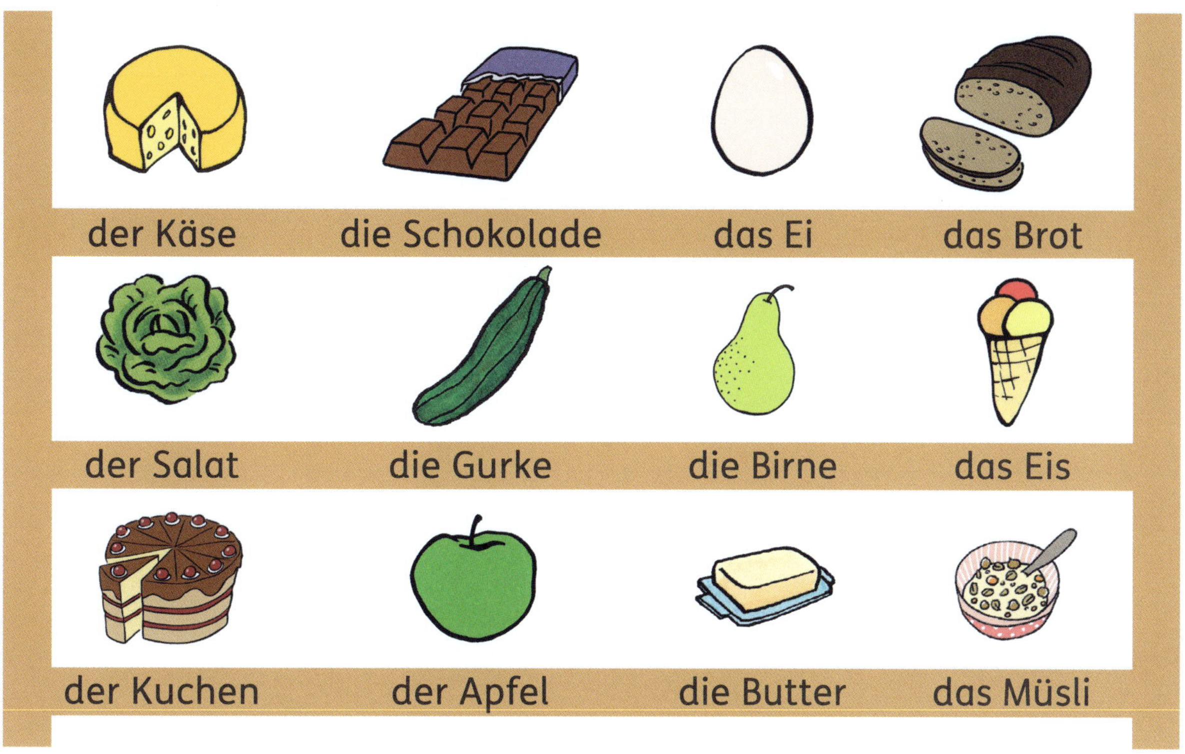

Datum: ____________________

Mein Rezept

TEXTSORTE: Anleitung

In einer **Anleitung** wird meist Schritt für Schritt beschrieben, was man tun muss, damit etwas funktioniert oder entsteht.
Es gibt zum Beispiel Bastelanleitungen, Versuchsanleitungen und Spielanleitungen.
Anleitungen zum Kochen oder Backen werden auch **Rezept** genannt.

Kennst du ein leckeres Rezept? Schreibe es auf.
Du kannst auch jemanden nach einem Rezept fragen.

Das Rezept heißt: ______________________________

Zutaten für ________ Personen: ______________________________

____

So geht's:

1. ______________________________

____

2. ______________________________

____

3. ______________________________

____

4. ______________________________

____

So schmeckt mir das Gericht: ☐ ☺ ☐ 😐 ☐ ☹

Datum: ____________________

Versuchsanleitung: Schwebendes Wasser

Du brauchst: ein Glas, eine Postkarte oder ein Stück Pappe in ähnlicher Größe, Wasser

Wichtig! Du musst diesen Versuch über einem Waschbecken oder einer Schüssel ausprobieren!

1. Lies die Versuchsanleitung unten sorgfältig durch.

2. Was vermutest du, wird passieren? ____________________

____

3. Führe das Experiment durch.

4. Was hast du beobachtet? ____________________

____

5. Warum ist es passiert? Schreibe deine Begründung auf. ____________________

____

____

Versuchsanleitung

1. Fülle das Glas randvoll mit Wasser. 	2. Lege die Postkarte auf das Glas und drücke sie mit der flachen Hand dagegen. 
3. Drehe alles um! 	4. Nimm die Hand unter der Postkarte weg. Was passiert?

Lösung: Der Luftdruck ist stärker als der Wasserdruck. Er drückt die Postkarte so fest gegen das Glas, dass weder Wasser aus- noch Luft einströmen kann.

Datum: ______________________

Spielanleitung

Hier siehst du Spielanleitungen von bekannten Spielen.
Leider fehlt jedes Mal der Name des Spiels.
Findest du heraus, welche Spiele gemeint sind?

Welches Spiel ist das?

Anzahl: mindestens 2 Personen
Material: Bildkärtchen (jedes Bild 2x)

Spielverlauf:
Die Kärtchen werden mit dem Bild nach unten auf dem Tisch verteilt.
Ein Spieler beginnt und deckt zwei Karten auf.
Wenn es dieselben Karten sind,
bekommt der Spieler das Kartenpärchen.
Sind es zwei verschiedene, dreht er die Karten wieder um.
Nun darf der nächste Spieler zwei Karten aufdecken.
Wer die meisten Kartenpärchen gesammelt hat,
ist der Sieger.

Dieses Spiel heißt: ______________________

Welches Spiel ist das?

Anzahl: 2–4 Personen
Material: 1 Spielbrett, 1 Würfel,
4 x 4 verschiedenfarbige Spielfiguren (blau, grün, gelb, rot)

Spielverlauf:
Es wird reihum gewürfelt.
Wer die höchste Zahl hat, fängt an.
Jeder würfelt dreimal.
Wer eine Sechs hat,
darf seine Spielfigur aus seinem Haus setzen.
Nach einer Sechs darf man noch einmal würfeln.
Wenn man auf ein Feld mit einer Figur eines Gegners kommt,
darf man diese „rausschmeißen".

Dieses Spiel heißt: ______________________

Datum: ____________________

Meine Spielanleitung

Versuche, selbst eine Spielanleitung
von einem bekannten Spiel aufzuschreiben.

Anzahl: ____________________

Material: ____________________

____

Spielverlauf:

____

____

____

____

____

____

____

____

____

____

____

Lies deine Anleitung den anderen Kindern vor.
Können sie erraten, welches Spiel du beschrieben hast?

Unterschrift der Lehrkraft

Datum: ______________

Pronomen einsetzen

WORTART: Pronomen (Fürwort)

Pronomen ist lateinisch und heißt **Fürwort**, weil es für das Nomen eingesetzt wird. **ich, du, er, sie, es, wir, ihr, sie** – aber auch **meiner, ihrer, ihm** und **unserer** sind Pronomen.

Setze die passenden Pronomen ein.

Der Hund bellt laut. → Er ______ bellt laut.

Das Gebell ist laut. → Es ______ ist laut.

Nina schimpft. → Sie ______ schimpft.

Der Hund bellt noch mehr. → ______ bellt noch mehr.

Nina schimpft mit dem Hund. → ______ schimpft mit ihm ______.

Der Hund hat Hunger. ______ bekommt einen Knochen.

Die Katze hat auch Hunger. ______ bekommt Futter.

Die Katze schnurrt. Nina streichelt ______.

Der Hund kommt. Nina streichelt ______.

Die Katze und der Hund wollen spielen. Nina spielt mit ________.

Der Hund holt einen Ball. ______ will mit ______ spielen.

Nina wirft den Ball. Der Hund holt ______ wieder.

In einer Geschichte braucht man beides: Nomen und Pronomen.
Ohne Pronomen gibt es zu viele Wiederholungen, das klingt nicht gut.
Ersetzt man zu viele Nomen durch Pronomen, kann man die Handlung nicht mehr richtig verstehen, weil man nicht mehr weiß, wer gemeint ist.

Geschichten-Durcheinander

Hier sind drei Geschichten durcheinander geraten.
Welche Sätze gehören zusammen?
Unterstreiche jede Geschichte in einer anderen Farbe.

> An den **Pronomen** (Fürwörtern) kannst du erkennen, welche Sätze zusammengehören.

Ein kleiner Igel hat sich in einer Gärtnerei verlaufen.

Die getigerte Katze sieht aus wie ein Teppich.

Das dicke Schwein frisst am liebsten Äpfel.

Ihr Fell ist strubbelig.

Nun will er nach Hause.

Wenn es keine bekommt, grunzt es ärgerlich.

Er läuft hin und her.

Sie lässt sich gerne darin kraulen.

Immer, wenn er an einen Kaktus stößt, fragt er: „Bist du es, Mama?"

Aber Erdäpfel mag es auch.

Wähle eine Überschrift und kreuze sie an.
Schreibe die passende Geschichte auf.

Die Katze ☐ Der Igel ☐ Das Schwein ☐

____

____

____

____

 Pronomen

Schreibe einen Text zum Bild

Unterstreiche in deinem Text die Nomen und Pronomen.
Überprüfe: Wiederholen sich die Nomen zu oft?
Kann man den Text gut verstehen?

Datum: ____________________

Ersetze Nomen durch Pronomen

Einige Nomen kommen im Text öfter vor.
Ersetze sie, wenn es passt, durch Pronomen.
Achte darauf, dass man den Text noch gut verstehen kann.

Anna und Paul wollen heute ins Schwimmbad.

____

Anna und Paul haben ihre Schwimmsachen schon gepackt.

____

Anna will unbedingt ihre neue Taucherbrille ausprobieren.

____

Die Taucherbrille war Annas Geburtstagsgeschenk.

____

Anna ist ganz stolz.

____

Paul freut sich mehr auf ein Eis.

____

Das Eis im Schwimmbad findet Paul besonders lecker.

____

Pauls Taschengeld reicht noch für vier Kugeln.

____

→ ______________________ Unterschrift der Lehrkraft

Pronomen

Datum: ____________________

Verben in der Grundform

WORTART: Verben

Wörter, die sagen, was jemand **macht** oder was **geschieht**, heißen **Verben** (Tuwörter).

Welches Verb und welches Bild passen zusammen? Verbinde.

sitzen ○ rennen ○ gehen ○ lachen ○ schwimmen ○ stehen ○ rufen ○ tanzen ○ fahren ○

Sammle 20 Verben. Schreibe sie in der Grundform auf.

stricken, kochen, wackeln, boxen ____________________

____

____

____

____

Ergänze passende Verben.

Ich ____________________ gerne.

Ich ____________________ nicht so gerne.

Ich ____________________ gerne zusammen mit ____________________.

Verben im Text überarbeiten

Das Verb „gehen“ kommt im folgenden Text sehr oft vor. Ersetze es durch passende Verben aus dem Wort-Feld „gehen“, wie zum Beispiel rennen, stolzieren, stolpern, ...

Hast du noch weitere Überarbeitungsvorschläge?

> Erinnere dich: Oft wird ein Text besser, wenn man nicht immer dieselben Wörter verwendet.
> Deine Wort-Felder aus Heft 1/2 (Seiten 68 und 69) können dir helfen.

Heute gehen wir in den Zoo.

____

Als erstes gehen wir zu den Pinguinen.

____

Ich sehe einen kranken Pinguin.

____

Ich gehe ganz schnell zu einem Wärter

____

und sage ihm, was ich gesehen habe.

____

Der Wärter geht ganz langsam und vorsichtig in das Gehege.

____

Der Wärter schafft es, den Pinguin einzufangen.

____

Er geht mit dem Pinguin zur Krankenstation.

____

Bestimmt geht es dem Pinguin bald wieder besser.

____

Wer tut was?

WORTART: Verben

Verben haben eine **Grundform**: malen, schlafen, lachen.
Sie enden meistens auf -en.
Verben ändern ihre Form je nachdem, **wer** etwas tut.
Man sagt, sie werden **gebeugt**: ich mal**e**, du schläf**st**, Kurt lach**t**.

malen	schlafen	lachen
ich male	ich schlafe	ich lache
du malst	du schläfst	du lachst
der Junge (er/sie/es) malt	die Frau (er/sie/es) schläft	das Kind (er/sie/es) lacht
wir malen	wir schlafen	wir lachen
ihr malt	ihr schlaft	ihr lacht
die Kinder (sie) malen	die Kinder (sie) schlafen	die Kinder (sie) lachen

Setze die Personalformen der Verben richtig zusammen. Schreibe die gebeugte Form mit dem passenden Pronomen (siehe Seite 30) auf.

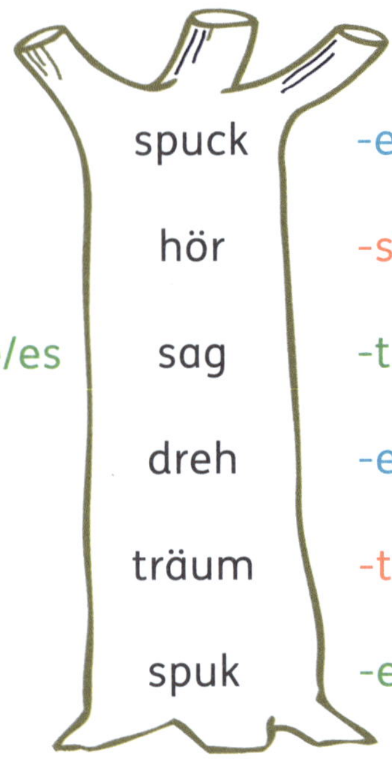

ich	spuck	-e	ich träume	____________
du	hör	-st	____________	____________
er/sie/es	sag	-t	____________	____________
wir	dreh	-en	____________	____________
ihr	träum	-t	____________	____________
sie	spuk	-en	____________	____________

Für den **Wortstamm** musst du bei Verben in der Grundform meist die Endung -en abschneiden: **schwimm**|en

Regelmäßige und unregelmäßige Verben

Die **regelmäßigen Verben** kannst du einfach zusammenbauen:
Wortstamm + Endung. Der Wortstamm bleibt immer gleich.

Wähle **2** regelmäßige Verben aus.
Schreibe sie in ihrer gebeugten Form auf. Unterstreiche den Wortstamm.

machen, öffnen, baden, üben, kaufen, spielen, arbeiten, fühlen, hören

	bauen		
ich	baue		
du	baust		
er/sie/es	baut		
wir	bauen		
ihr	baut		
sie (die Kinder)	bauen		

Bei den **unregelmäßigen Verben** muss der Wortstamm manchmal verändert werden.

Wähle **2** unregelmäßige Verben aus.
Schreibe sie in ihrer gebeugten Form auf. Unterstreiche den Wortstamm.

helfen, wollen, müssen, fangen, sprechen, werfen, laufen, messen

	essen		
ich	esse		
du	isst		
er/sie/es	isst		
wir	essen		
ihr	esst		
sie (die Kinder)	essen		

Datum:

Die Verbprobe

Verben kannst du beugen.
malen ⟶ er malt schlafen ⟶ sie schläft regnen ⟶ es regnet

Mache die Verbprobe.
Probiere, ob du **er**, **sie** oder **es** vor das Wort stellen kannst.
Kreise alle Wörter ein, die du beugen kannst.

GEHEN – STEHEN – PAUSE – LAUFEN
SAGEN – SPRECHEN – LEISE – FLÜSTERN
SCHWIMMBAD – TAUCHEN – SCHWIMMEN – SPRINGEN

Forscheraufgabe: Besondere Verben
Wähle **2** Verben aus. Schreibe sie in ihrer gebeugten Form auf.
Beispiele: vorfahren ⟶ ich fahre vor, sich vertragen ⟶ wir vertragen uns

vormachen, anrufen, sich verlieben, einkaufen, vorsagen, weiterfahren

ich		
du		
er/sie/es		
wir		
ihr		
sie (die Kinder)		

Was bleibt gleich? ______________________________

____

Was ändert sich? ______________________________

____

Datum: ____________________

Verben ergänzen

Hier fehlt etwas!
Lies den Text. Ergänze passende Verben in der richtigen Personalform.

Jusufs Kindergeburtstag

Alle am Tisch.

Alle sitzen am Tisch. oder Alle am Tisch feiern.

Leon Jusuf das Geschenk.

____

Jusuf das Papier.

____

Papa den Kuchen.

____

Max ein Stück Kuchen.

____

Ich einen Muffin.

____

Du ein Glas Limonade.

____

Jusuf und Max den letzten Keks.

____

Passende Verben: nehmen, schmatzen, essen, geben, überreichen, zerreißen, öffnen, schneiden, bringen, möchten, trinken, holen, haben, verteilen, sich teilen

Unterschrift der Lehrkraft

Datum: ______

Verben in verschiedenen Zeitstufen

WORTART: Verben

Verben ändern ihre Form je nachdem, wann jemand etwas tut oder etwas passiert. Man nennt Verben auch Zeitwörter.

Lies die Texte und unterstreiche die Verben rot. Unterstreiche weitere Wörter, die dir einen Hinweis auf die Zeitstufe geben, mit Bleistift.
Trage die unterstrichenen Wörter in die Zeilen rechts ein.

Vergangenheit (früher)

Vor hundert Jahren gab es viel weniger Spielsachen. Damals hatte ein Kind vielleicht eine Puppe oder einen Teddy. Es gab auch Brummkreisel oder Hüpffrösche aus Blech oder Holzklötze. Auch Ballspiele waren bei den Kindern in der damaligen Zeit beliebt.

Verben: gab, ______

Zeitangaben: vor hundert Jahren, ______

Gegenwart (jetzt)

Heute haben Kinder oft mehrere Kuscheltiere und Puppen. Viele Spielzeuge sind jetzt elektronisch und machen Geräusche. Viele Kinder nutzen Spielekonsolen, Tablets oder Handys zum Spielen. Das Spielen mit einem Ball ist auch heutzutage noch „in“.

Verben: haben, ______

Zeitangaben: heute, ______

Zukunft (später)

In hundert Jahren wird das Spielzeug bestimmt ganz anders aussehen. Vielleicht werden alle Kinder einen eigenen Spiel-Roboter besitzen. Mit anderen Kindern trifft man sich zukünftig nur noch in einer digitalen Welt – sicher auch zum Ballspielen.

Verben: wird aussehen, ______

Zeitangaben: in hundert Jahren, ______

Datum: ____________________

Zeitstufe Gegenwart

Wenn etwas beschrieben wird, das **gerade** passiert,
steht das Verb in der Form der Gegenwart. Man nennt sie **Präsens**.
⟶ Abdul **geht** heute zum Fußball. (**Präsens**)
⟶ Heute **ist** das Wetter schön. (**Präsens**)

Schreibe einen Text in der **Gegenwart**, zum Beispiel:
- Der Wetterbericht von heute ...
- So sieht mein Klassenzimmer (Kinderzimmer, Lieblingsort) aus ...
- Dieses Buch gefällt mir besonders gut ...

Unterstreiche die Verben rot.

Lies deinen Text einem anderen Kind vor.
Hat es die Zeitstufe erkannt? ja ☐ nein ☐

Vergangenheit (früher)		→	Gegenwart (jetzt)	→	Zukunft (später)
ich lachte (Präteritum)	ich habe gelacht (Perfekt)		ich lache (Präsens)		ich werde lachen (Futur) morgen lache ich (Präsens +)

Datum: ____________

Zeitstufe Vergangenheit

Wenn etwas beschrieben wird, das schon **vorbei** ist,
steht das Verb in einer Form der **Vergangenheit**.
⟶ Abdul **ist** gestern zum Fußball **gegangen**. (**Perfekt**)
⟶ Letzte Woche **war** das Wetter schlecht. (**Präteritum**)

Schreibe einen Text, der in der **Vergangenheit** spielt, zum Beispiel:
- Gestern ist mir etwas total Verrücktes passiert …
- Als ich noch klein war, …
- Früher, als es noch keine Handys gab, …

____

____

____

____

____

____

____

____

____

Unterstreiche die Verben rot.

Lies deinen Text einem anderen Kind vor.
Hat es die Zeitstufe erkannt? ja ☐ nein ☐

Vergangenheit (früher)		Gegenwart (jetzt)	Zukunft (später)
ich lachte (Präteritum)	ich habe gelacht (Perfekt)	ich lache (Präsens)	ich werde lachen (Futur) morgen lache ich (Präsens +)

Zeitform Perfekt

Lies den Text.
Unterstreiche die Verben rot.

Die Zeitform **Perfekt** wird aus **zwei Verben zusammengesetzt**. Du musst in jedem Satz zwei Wörter unterstreichen.

Dalila erzählt:
„Unsere Klassenfahrt hat mir richtig gut gefallen.
Wir sind mit dem Bus ins Schullandheim gefahren.
In jedem Zimmer haben 6 Kinder geschlafen.
Zum Frühstück haben wir Brötchen und Schokocreme gegessen.
Wir sind auf hohe Bäume geklettert.
Meine Freundin ist dabei abgestürzt.
Zum Glück ist ihr nichts passiert.
Einmal haben wir eine Nachtwanderung gemacht.
Im Mondlicht haben wir Fledermäuse gesehen."

Manche Verben werden im **Perfekt** mit **sein** und andere mit **haben** gebildet.

Sortiere die unterstrichenen Verben.

haben	sein
hat gefallen	sind gefahren

Vergangenheit (früher)		Gegenwart (jetzt)	Zukunft (später)
ich lachte (Präteritum)	ich habe gelacht (Perfekt)	ich lache (Präsens)	ich werde lachen (Futur) morgen lache ich (Präsens +)

Datum: ______

Die Zeitformen Präteritum und Perfekt

Es gibt zwei Zeitformen, die zeigen, dass etwas in der **Vergangenheit** liegt:

das **Präteritum**
(die kurze Vergangenheit):
Ich lachte. Du fuhrst.
Es regnete. Wir rannten.

Wenn du über etwas schreibst, was bereits vergangen ist, verwendest du meist das Präteritum, zum Beispiel in Märchen.

das **Perfekt**
(die zusammengesetzte Vergangenheit):
Ich habe gelacht. Du bist gefahren.
Es hat geregnet. Wir sind gerannt.

Wenn du etwas mündlich erzählst, das schon passiert ist, verwendest du meist das Perfekt.

Unterstreiche zuerst die Verben rot.
Verbinde dann die Sätze mit der richtigen Zeitform.

Präteritum ○ | Perfekt ○

- ○ Erkin hat den Wettlauf gewonnen. ○
- ○ Letzte Woche las Mina ein dickes Buch. ○
- ○ Paul schrieb Anna einen Liebesbrief. ○
- ○ Anna hat endlich geantwortet. ○
- ○ Papa schlief als Kind nie lange. ○
- ○ Gestern hat er bis elf Uhr geschlafen. ○
- ○ Im Kino haben wir Popcorn gegessen. ○
- ○ Mama aß als Kind gerne Schokolade. ○
- ○ Ihre Schwester mochte lieber Marzipan. ○
- ○ Ich habe dir einen Kuchen gebacken. ○

Vergangenheit (früher)		→ **Gegenwart** (jetzt)	→ **Zukunft** (später)
ich lachte (Präteritum)	ich habe gelacht (Perfekt)	ich lache (Präsens)	ich werde lachen (Futur) morgen lache ich (Präsens +)

Zeitform Präteritum

Baue Märchen-Sätze im Präteritum zusammen.
Schreibe mindestens **6** Sätze auf.

Märchen werden meistens im **Präteritum** geschrieben: Es **war** einmal ...

Der rostige Ritter Die neugierige Prinzessin Der vergessliche Zauberer Das schwarze Einhorn Die einsame Hexe Der niedliche Wolf Das verzauberte Kind Der ängstliche Drache Die mutige Fee	verwandelte, heiratete, küsste, befreite, erlöste, verzauberte, trank, las, fand, sah, umarmte, ärgerte, besiegte, versteckte	den pickligen Frosch. die schöne Zwergin. die traurige Meerjungfrau. das verbotene Buch. den grünen Zaubertrank. die kaputte Zauberkugel. das schreckliche Monster. den kostbaren Schatz. den lustigen Prinzen.

Kennst du den Ausspruch „Erzähl mir keine Märchen“?
Erkläre, was er bedeutet.

Ein Märchen schreiben

TEXTSORTE: Märchen

Märchen sind besondere Geschichten.
Sie beginnen häufig mit „Es war einmal ...“.
Meist haben Märchen ein glückliches Ende:
Die Guten werden belohnt und die Bösen bestraft.
Im Märchen können Könige, Prinzessinnen, Drachen, Hexen
oder auch sprechende Tiere vorkommen.
Oft spielen magische Gegenstände wie ein sprechender Spiegel oder ein Zauberring eine wichtige Rolle.
Auch Zahlen haben in Märchen häufig eine wichtige Bedeutung:
3 Wünsche, 7 Zwerge, 12 Prinzessinnen oder die böse 13. Fee.
Märchen werden überwiegend im **Präteritum** geschrieben.

1. Plane dein Märchen. Mache dir Notizen.
   Die folgenden Fragen helfen dir:
   - Wer ist die Heldin oder der Held in deiner Geschichte?
   - Wo spielt die Geschichte?
   - Gibt es einen bösen Gegenspieler oder eine Gegenspielerin?
   - Was für eine Aufgabe oder ein Problem muss gelöst werden?
   - Welche Figuren oder Gegenstände mit magischen Fähigkeiten helfen der Hauptperson?
   - Wie schafft es die Hauptperson, das Problem oder die Aufgabe zu lösen?
   - Wie endet deine Geschichte?

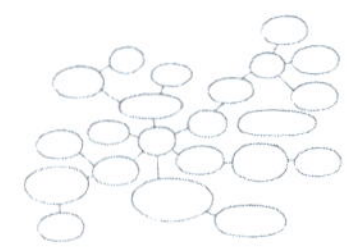

2. Schreibe einen Entwurf für dein Märchen.

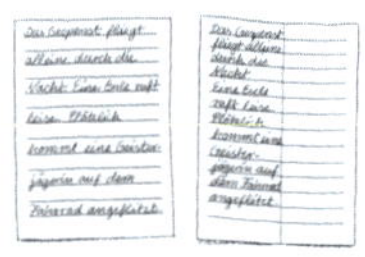

In Märchenbüchern findest du viele Ideen zu typischen Märchenanfängen und Schlusssätzen.

3. Sprich mit anderen Kindern über deinen Entwurf.
   Achtet bei der Schreibkonferenz besonders auf die Verben.
   Sind die Verben in einer passenden Zeitform geschrieben?

Mein Märchen

Schreibe dein fertiges Märchen hier auf.

Es war einmal vor langer, langer Zeit …

Stelle anderen Kindern dein Märchen vor.

Datum: ____________

Zeitstufe Zukunft

Wenn etwas beschrieben wird, das erst noch **passieren wird**, steht das Verb in einer Form der **Zukunft**:

→ „Morgen **wird** wieder die Sonne **scheinen.**“ (**Futur**)

→ Abdul **geht nächste Woche** zum Fußball. (**Präsens +**)

Die Zeitform **Futur** bildet man mit der Personalform von **werden** + **Verb in der Grundform**:
Ich **werde laufen**. Du **wirst spielen**. Der Hund **wird schlafen**.
Wir **werden essen**. Ihr **werdet kommen**. Die Kinder **werden lesen**.

Für Erzählungen in der Zukunft können auch Verben im **Präsens + Wörter**, die einen **Hinweis auf die Zeitstufe** geben, genutzt werden:
Morgen lese ich ein Buch. **Wenn ich groß bin**, dann **kaufe** ich mir ein Pferd.

Schreibe einen Text, der in der **Zukunft** spielt, zum Beispiel:

- Wenn ich groß bin, ... – Im Jahr 2097 ... – In den nächsten Ferien ...

____

____

____

____

____

____

____

Unterstreiche die Verben rot.

Vergangenheit (früher)		Gegenwart (jetzt)	Zukunft (später)
ich lachte (Präteritum)	ich habe gelacht (Perfekt)	ich lache (Präsens)	ich werde lachen (Futur) morgen lache ich (Präsens +)

Datum: ____________________

Zeitstufen erkennen

Unterstreiche die Verben rot.
Unterstreiche mit Bleistift weitere Wörter, die dir einen Hinweis auf die Zeitstufe geben.
Verbinde die Sätze mit der richtigen Zeitstufe.

Papa backt gerade einen Kuchen.

Du wirst morgen in den Zoo gehen.

Jetzt liest er ein Buch.

Letztes Jahr war das Wetter besser.

In der letzten Pause haben alle Kinder zusammen gespielt.

Meine Katze hat gestern eine Maus gefangen.

Vergangenheit → **Gegenwart** → **Zukunft**

Ich schreibe dir einen Brief.

Karl hat mit Ahmed und Tom gespielt.

Das Mädchen lief fröhlich durch den Wald.

Wir werden zusammen ein Lied singen.

In welcher Zeitstufe schreibst du deine Texte am liebsten?

____

→ ____________________ Unterschrift der Lehrkraft

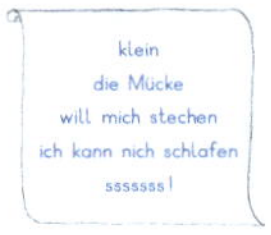

Gedichte

TEXTSORTE: Gedichte

Es gibt viele verschiedene Arten von Gedichten.
Manche Gedichte reimen sich oder haben einen besonderen Klang oder Rhythmus. Beim Lesen oder Hören von Gedichten können Bilder in deinem Kopf entstehen.

Ich

Ich: Träumerisch, träge,
schlafmützig, faul.

Und **ich**: Ruhelos, neugierig,
hellwach, betriebsam.

Und **ich**: Kleingläubig, feige,
zweiflerisch, hasenherzig.

Und **ich**: Unverblümt, frech,
tapfer, gar mutig.

Und **ich**: Mitfühlend, zärtlich,
hilfsbereit, beschützend.

Und **ich**: Launisch, gleichgültig,
einsilbig, eigenbrötlerisch. –

Erst wir alle zusammen sind **Ich**.

(Hans Manz)

Komm, wir kehren die Straße

Komm, wir kehren die Straße
mit dem großen Besen.

Dann finden wir sieben Sachen:

Einen alten Fahrschein,
einen krummen Nagel,
eine Vogelfeder,
eine grüne Münze,
ein Bonbonpapier,
eine Spiegelscherbe,
und vielleicht,
und vielleicht
einen goldenen Knopf für deine Jacke!

(Ursula Wölfel)

Rechenaufgabe unter Tränen

3 + 4 = 7
Du hast mir einen Brief geschrieben.

7 + 1 = 8
Der hat mich traurig gemacht.

8 + 2 = 10
Willst mich nicht wiedersehn.

10 – 6 = 4
Es liegt dir nichts an mir.

4 – 1 = 3
O.K., ich gebe dich frei!

3 – 2 = 1
Aber Glück wünsch ich dir keins!

(Christine Nöstlinger)

Lies die drei Gedichte.
Welches Gedicht gefällt dir am besten?

____

Was magst du an diesem Gedicht?

____

____

Ein Parallelgedicht schreiben

Im Gedicht „Komm, wir kehren die Straße“
werden sieben Sachen gefunden.
Welche sieben Sachen würdest du gerne finden?
Schreibe das Gedicht um.

Komm, wir kehren die Straße

Komm, wir kehren die Straße
mit dem großen Besen.

Dann finden wir sieben Sachen:

> Achte auf die Endungen der Adjektive!
> **Was** finden wir?
> Zum Beispiel:
> eine alt**e** Mütze (die Mütze)
> ein**en** alt**en** Hut (der Hut)
> ein alt**es** Rad (das Rad)

______________________________,

______________________________,

______________________________,

______________________________,

______________________________,

______________________________,

und vielleicht,
und vielleicht

______________________________!

Trage dein Gedicht den anderen Kindern vor.

Hat dir ein anderes Gedicht besser gefallen?
Schreibe zu dem Gedicht, das dir am besten gefallen hat, ein Parallelgedicht.

Datum:

Verschiedene Gedichtformen

Rondell

Bei dieser Gedichtform wiederholen sich bestimmte Zeilen.
Wähle ein Thema. Überlege dir einen passenden Satz.
Schreibe ihn in die 1., die 4. und die 7. Zeile.
Welcher Satz fällt dir dazu ein? Schreibe ihn in die 2. und die 8. Zeile.
Ergänze jetzt noch die fehlenden Sätze.

Beispiel:

Überschrift:		**Im Kino**
1. Zeile:	**1. Satz**	**Wir sitzen im Kino.**
2. Zeile:	*2. Satz*	*Gleich geht es los.*
3. Zeile:	3. Satz	Noch ist es dunkel.
4. Zeile:	**1. Satz**	**Wir sitzen im Kino**
5. Zeile:	4. Satz	Das Popcorn knistert.
6. Zeile:	5. Satz	Sonst ist es still.
7. Zeile:	**1. Satz**	**Wir sitzen im Kino.**
8. Zeile:	*2. Satz*	*Gleich geht es los.*

Elfchen

Diese Gedichtform besteht aus 11 Wörtern.
Beginne mit der 2. Zeile: Überlege als erstes „Was ist es?“,
dann ist es leichter, ein passendes Adjektiv für die 1. Zeile zu finden.

Beispiel:

1. Zeile: 1 Wort	Wie ist es?	klein
2. Zeile: 2 Wörter	Was ist es?	die Mücke
3. Zeile: 3 Wörter	Was tut es?	will mich stechen
4. Zeile: 4 Wörter	Was fühlst oder machst du?	ich kann nicht schlafen
5. Zeile: 1 Wort	Schlusswort	ssssssssss!

Datum: ______________________

Gedicht mit allen Sinnen

☐

Suche dir ein Gefühl wie Angst, Wut, Glück oder Liebe aus.
Mit Jahreszeiten oder Gegenständen funktioniert es auch.

Beispiel:

1. Zeile:	dein Wort	**Sommer**
2. Zeile:	riecht	Sommer riecht nach Blumen.
3. Zeile:	klingt	Sommer klingt nach fröhlichem Kinderlachen.
4. Zeile:	sieht ... aus	Sommer sieht aufregend und bunt aus.
5. Zeile:	schmeckt	Sommer schmeckt nach Eis.
6. Zeile:	macht	Sommer macht gute Laune.

Schreibe ein eigenes Gedicht nach diesen Beispielen. Beachte folgende Schritte:

1. Wähle zuerst eine Gedichtform aus. Kreuze sie an.
2. Schreibe dann ein eigenes Gedicht in dieser Form.
3. Lies dein Gedicht einem anderen Kind laut vor.
   Bist du zufrieden? Sonst überarbeite das Gedicht noch einmal.
   Prüfe: Ist alles richtig geschrieben?
4. Jetzt kannst du dein Gedicht gestalten.

- Du kannst den Text mit der Hand abschreiben.
  - Schreibe besonders sorgfältig und gut lesbar.
  - Du kannst einzelne Buchstaben durch Farbe oder Form besonders hervorheben.
- Du kannst mit Stempeln drucken.
- Du kannst den Text am Computer abschreiben und mit verschiedenen Schriftarten und Schriftgrößen gestalten.

5. Stelle dein Gedicht vor.

→ ______________________ Unterschrift der Lehrkraft

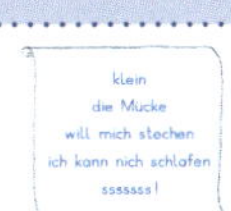

Datum: ____________

Mein Steckbrief

TEXTSORTE: Steckbrief

Ein Steckbrief ist eine kurze Beschreibung einer Person oder eines Tieres.
Er enthält wichtige Informationen, zum Beispiel:

- bei einer Person: Name, Alter, Aussehen, Hobbys, Lieblingsessen, ...
- bei einem Tier: Aussehen, Lebensraum, Nahrung, Feinde, ...

Ich heiße ____________________.

Ich bin __________ Jahre alt.

Ich habe am ____________ Geburtstag.

Meine Haare sind ____________________.

Meine Augenfarbe ist ____________________.

Besonders gut erkennen kann man mich an

____.

Hier ist Platz
für ein Bild von dir.

Ich kann gut ____________________________________.

Das möchte ich noch lernen: ____________________________.

Das ziehe ich gerne an: ______________________________.

Mein Lieblingsessen ist ______________________________.

Meine Lieblingsfarbe ist ______________________________.

Ich mag ____.

Das mag ich überhaupt nicht: ___________________________.

Das wünsche ich mir: ________________________________.

Tagebuch

TEXTSORTE: Tagebuch

In einem Tagebuch kann man nur für sich selbst jeden Tag etwas aufschreiben z. B. die eigenen Erinnerungen, Erlebnisse, Gefühle, Ideen, Pläne und Gedanken. Ein Tagebuch kann wie ein Freund sein, dem man seine Geheimnisse anvertraut. Ein Tagebuch kann einem helfen, sich später zu erinnern, darum ist es wichtig, immer das **Datum** dazuzuschreiben.

Schreibe ein spannendes, lustiges, peinliches oder trauriges Erlebnis als Tagebucheintrag auf.
Da dieses Heft kein echtes geheimes Tagebuch ist und du deinen Text später vorlesen sollst, kannst du dir auch etwas ausdenken.

Wenn du ein geheimes Tagebuch nur für dich selbst schreiben möchtest, kannst du dir ein kleines Heft dafür schön gestalten. Achte darauf, dein Tagebuch gut wegzulegen, damit niemand in Versuchung kommt, hineinzuschauen.

Liebes Tagebuch, ______________

heute habe ich ______________

____

____

____

____

____

Lies deinen Text in der Klasse vor.
Lass die anderen Kinder raten: Ist dein Erlebnis wahr oder ausgedacht?

Es gibt noch viele weitere Tagebuchformen. In einem **Lesetagebuch** kannst du zum Beispiel deine Gedanken beim Lesen eines Buches festhalten. Das kann dir helfen, das Buch besser zu verstehen und es später anderen vorzustellen.

Datum: ____________

Bücher in Tagebuchform

Es gibt Bücher, die in **Form eines Tagebuchs** geschrieben sind. Manche davon waren echte private Tagebücher, die später gedruckt wurden, damit andere Menschen über das Leben und die Gedanken des Tagebuchschreibers oder der Tagebuchschreiberin lesen können. Andere Geschichten sind ausgedacht. Hier berichten erfundene Personen in Form eines Tagebuchs von ausgedachten Erlebnissen, zum Beispiel in „Gregs Tagebuch“ oder „Mein Lotta-Leben“.

„Mein Lotta-Leben“

In diesem „Tagebuch“ berichtet die 10-jährige Lotta von ihren Erlebnissen mit ihrer besten Freundin Cheyenne, ihren beiden Blödbrüdern und ihren Eltern. Und natürlich von dem, was sie so in der Schule erlebt mit der hochnäsigen Berenike und ihrer strengen Klassenlehrerin Frau Kackert.
(„Mein Lotta-Leben“ von Alice Pantermüller und Daniela Kohl)

DIENSTAG, 6. SEPTEMBER

Heute vor der Mathestunde hat Berenike Einladungen zu ihrem Geburtstag verteilt. „Wir kriegen bestimmt keine ab“, hat Cheyenne mir zugezischelt und wollte schon ihr Kaugummi in Berenikes Mathebuch kleben.

Aber dann haben wir doch jede eine gekriegt! Weil Berenike nämlich eine **RIESEN-ZELT-ÜBERNACHTUNGS-PARTY** macht und **alle** aus der Klasse einlädt. Sogar die Jungs.

EINLADUNG
zur
RIESEN-ZELT-ÜBERNACHTUNGS-PARTY
wo? bei Berenike von Bödecker
warum? Berenike feiert ihren elften Geburtstag
mitbringen? Zelt, Schlafsack, Zahnbürste, gute Laune

Voll die Angeberin, sag ich doch.

Gregs Tagebuch

Der 13-jährige Greg schreibt und zeichnet in seinem „Tagebuch“ über seine lästigen Brüder, seine Eltern, seinen trotteligen Freund Rupert, den täglichen Überlebenskampf in der Schule und noch vieles mehr.
(„Gregs Tagebuch“ von Jeff Kinney)

Dienstag
Hab ich eigentlich schon erwähnt, dass ich SUPER-GUT Videospiele spielen kann? Ich wette, ich kann jeden in meiner Klasse im direkten Duell schlagen.

Leider weiß mein Dad meine Begabung nicht wirklich zu schätzen. Stattdessen nervt er mich immer damit, ich solle rausgehen und etwas „Aktives“ machen.

Als mein Dad mich heute nach dem Abendessen wieder damit zugetextet hat, nach draußen zu gehen, wollte ich ihm erklären, dass man beim Videospielen genauso Fußball oder Basketball spielen kann – und das ohne dass einem dabei total heiß wird und man ins Schwitzen kommt.

Das hat Dad aber wie immer nicht kapiert.

Mein Dad ist eigentlich ein ziemlich schlauer Typ. Aber was den gesunden Menschenverstand angeht, hab ich bei ihm manchmal so meine Zweifel.

Dad würde sicher meine Spielkonsole auseinandernehmen, wenn er nur wüsste wie. Zum Glück machen sie diese Dinger erwachsenensicher.

Was fällt dir an den beiden Tagebuch-Einträgen auf?

Datum: ____________________

Ein Steckbrief für eine erfundene Person

Erfinde ein Mädchen oder einen Jungen.
Schreibe einen Steckbrief von ihr oder ihm.

Hier ist Platz für ein Bild.

Sie/er heißt ______________________________.

Sie/er ist __________ Jahre alt.

Sie/er geht in die _______________ Klasse.

Zur Familie gehören ____________________

____.

Das zieht sie/er gerne an: ______________________________

____.

Sie/er mag besonders ______________________________

____.

Das mag sie/er überhaupt nicht: ______________________________

____.

Ihr/sein schrecklichstes Fach in der Schule ist ____________________,

weil ____.

Sie/er hat Angst vor ______________________________________.

Hier ist sie/er immer besonders mutig: ______________________________

____.

So heißt ihre beste Freundin/sein bester Freund: __________________.

Das Tagebuch von ______________________

Schreibe einen Tagebucheintrag aus Sicht deiner erfundenen Person.
Denke an die Schritte zum Verfassen von Texten auf Seite 3!

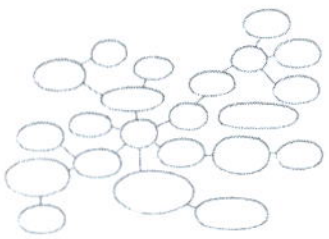

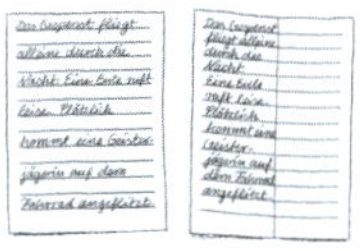

Schreibe deinen fertigen und überarbeiteten Text hier auf.
Du kannst auch Zeichnungen ergänzen.

Stelle den anderen Kindern deinen Tagebucheintrag vor.

Datum: ______________________

Mein Lerntagebuch

TEXTFORM: Lerntagebuch

In einem Lerntagebuch kannst du selbst einschätzen, was du schon gut kannst und was du noch üben musst. Es hilft dir dabei herauszufinden, wie du am besten lernen kannst und was du dafür brauchst.

Das kann ich schon gut: ______________________

____

Das habe ich in der letzten Zeit gelernt: ______________________

____

Das möchte ich noch lernen: ______________________

____

So gut habe ich in der letzten Zeit gearbeitet: ☐ 🙂 ☐ 😐 ☐ 🙁

Ich bin zufrieden mit meinem Lernen, weil ______________________

____

Ich nehme mir vor, noch besser ______________________

____

Ich wünsche mir von meiner Lehrerin, dass ______________________

____

Ich wünsche mir von meiner Klasse, dass ______________________

____

→ ______________________ Unterschrift der Lehrkraft

Satzzeichen

Texte lassen sich viel leichter lesen, wenn man weiß,
wo ein Satz aufhört und ein neuer beginnt.
Am Satzende macht man einen . **Punkt**.
Oder man macht ein ! **Ausrufezeichen**. Oder ein ? **Fragezeichen**.

Die meisten Sätze sind **Aussagesätze**.
Am Satzende eines Aussagesatzes steht ein . Punkt.
In einem Aussagesatz steht immer, wer etwas macht oder wie etwas ist.

Beispiel:

Der kleine Hund bellt sehr laut.

Dein Aussagesatz: ____

____

Am Ende einer **Frage** steht ein ? **Fragezeichen**. Wenn kein **Fragewort** am Anfang steht, dann steht im Fragesatz das **Verb** an erster Stelle.

Beispiel:

Wer bellt laut? Bellt der kleine Hund laut?

Deine Frage: ____

Nach einem **Ausruf** setzt man ein ! **Ausrufezeichen**.
Auch bei einem **Befehl** setzt man am Ende ein **Ausrufezeichen**.

Beispiel:

Ausruf: Der Hund bellt zu laut! Befehl: Hör sofort auf zu bellen!

Dein Ausruf: ____

Dein Befehl: ____

Wie geht es weiter und was wird gesprochen?

TEXTSORTE: Comic

Ein Comic ist eine Geschichte in Bildern. In vielen Comics gibt es Sprechblasen.
In ihnen steht, was jemand spricht.
Häufig werden in Comics auch Lautmalereien genutzt wie:

BANG! Puff! BZZZZZZ!

Male den Comic weiter.
Schreibe in Sprechblasen, was gesprochen wird.

Wörtliche Rede

Auch in einer Geschichte kann jemand etwas erzählen, fragen oder rufen.
Das nennt man **wörtliche Rede**.

Was wird gesprochen?
Unterstreiche die wörtliche Rede.

Greta will das Klima retten. Jeden Freitag demonstriert sie mit vielen anderen Kindern auf der ganzen Welt. „Die Politiker sollen endlich etwas ändern. Unsere Erde ist bedroht!“ Das erzählt Greta immer wieder. Viele Forscherinnen und Forscher sind der gleichen Meinung: „Wir haben nur noch ganz wenig Zeit, um die Erde zu retten.“

Wenn in einem Text wörtliche Rede gebraucht wird, setzt man zu Beginn und am Ende der wörtlichen Rede Redezeichen: „ zu Beginn und am Ende “ .
Das Zeichen : heißt Doppelpunkt.
Es bedeutet, dass noch etwas Wichtiges im Satz folgt.
Auch vor dem Redezeichen für die wörtliche Rede steht meistens ein Doppelpunkt.

Was wird gesprochen?
Unterstreiche die wörtliche Rede.
Setze danach selbst die Zeichen : , „ und “ .

Forscher sagen dazu ___ ___ Wir können alle etwas tun. ___
Greta hat folgende Tipps ___ ___ Weniger Lebensmittel wegwerfen, Dinge teilen oder reparieren und nicht alles neu kaufen, weniger Fleisch essen und Lebensmittel aus der Nähe einkaufen. ___
Greta macht eine Pause.
Dann fragt sie die Kinder ___ ___ Und was macht ihr davon schon? ___

Wer spricht hier was?

Markiere mit 2 verschiedenen Farben.

Was ist hier los?

„Der hat meinen Schulranzen weggeworfen!“
„Der hat meine MÜTZE geklaut!“
„Der hat mir sein Butterbrot INS GESICHT gedrückt!“
„Aber der hat seinen Popel an meine Jacke geschmiert!“
„Zuerst hat der seine Popel an meine Hose geschmiert!“
„NEIN, du hast zuerst ...!“
„Überhaupt hast du meine Schwester gehauen!“
„Du hast ja gar KEINE SCHWESTER!“
„Du LÜGST!“
„DU lügst!“
„Idiot!“
„Doofmann!“
......
„Aber DU hast doch ... Oder?“
„Hab ich nich ... !“
„SAG MAL, woll’n wir Fußball spielen?“
„KLAR.“
„Dann bis nachher.“
„COOL!“

Suche dir einen Partner. Jeder liest nur die Sätze einer Farbe.
So merkst du schnell, ob du alles richtig markiert hast.

Der Redebegleitsatz

Oft gibt es bei wörtlicher Rede einen **Redebegleitsatz**.
Er steht **vor** dem, was jemand sagt,
oder **hinter** dem, was jemand sagt.

Schreibe den Text von Seite 64 bis zum Ausruf „Idiot!“ mit Redebegleitsätzen auf. Setze die Zeichen der wörtlichen Rede **:** , **„** und **“** .
Denke auch an alle anderen Satzzeichen **.** , **!** , **?** .

Enno ruft: „Der hat meinen Schulranzen weggeworfen!“ „Der hat meine Mütze geklaut!“, schreit Mo.

Wer spricht wie?

Hörspiele oder Theatertexte brauchen wörtliche Rede.
Deshalb schreibt ein Autor einen Text für ein Hörspiel oder das Theater mit wörtlicher Rede und Redebegleitsätzen.
In den Redebegleitsätzen kann er schon Hinweise geben, wie etwas gesprochen werden soll.

Unterstreiche die wörtliche Rede grün.
Unterstreiche die Wörter, die dir einen Hinweis darauf geben, wie die Person spricht, rot.

Endlich Ferien

Peter Shaw blinzelte seinen beiden Freunden Bob Andrews und Justus Jonas zu. „Noch fünf Minuten“, verkündete er leise.
„Dann haben wir endlich Ferien!“
Er zeigte durch das Fenster des Klassenzimmers auf den Kirchturm von Rocky Beach. Die goldene Turmuhr zeigte deutlich fünf Minuten vor 12 Uhr mittags.
„Ja!“, flüsterte Bob zurück. „Eine ganze Woche Pfingstferien. Oh, Freunde, wir werden uns am Strand in der Sonne aalen, jede Menge von Tante Mathildas köstlichem Kirschkuchen mampfen, in der *Kaffeekanne* Comics lesen und überhaupt nur tun, wozu wir Lust haben. Oder hast du andere Pläne, Just?“
Der Anführer der drei ??? lächelte. „Nein“, murmelte er.
„Überhaupt nicht! Strand, *Kaffeekanne* und Kirschkuchen erscheinen mir die allerbesten Ideen für die Ferien der drei ???.“

Lies den Text einem anderen Kind vor.
Wie gut ist es dir gelungen, die Hinweise, wie die Personen sprechen sollen, beim Vorlesen umzusetzen?

☐ ☺ ☐ 😐 ☐ ☹

Mein Text mit wörtlicher Rede

Schreibe einen eigenen Text für ein Hörspiel oder für ein Theaterstück. Du kannst auch eine Geschichte mit wörtlicher Rede schreiben. Beachte die Schritte zum Texte-Schreiben von Seite 3.

Denke beim Überarbeiten an die Satzzeichen!

Du kannst den Text mit anderen als Hörspiel aufnehmen.

Datum: ______________

Satzzeichen ergänzen

Unterstreiche, was gesprochen wird.
Setze dann die Satzzeichen der wörtlichen Rede : , „ und “ .

Spielen Mädchen Fußball?

Edda und Mina spielen jetzt beide Fußball.
Das ist doch nichts für Mädchen! findet ihre Tante Toni.
Mama entgegnet Ich finde das gut.
Und auch Papa findet Diese Ansicht ist doch längst überholt.
Und was meinst du dazu? fragt Tante Toni ihren Mann.

Was würdest du sagen?

____

____

Redebegleitsätze erkennen

Wer mag was? Schreibe 2 passende Sätze auf.
Achte auf die Redezeichen.

____

____

Ich habe eine Maus gefangen – Der Hund bellt – Die Katze miaut –
Würmer sind mein Leibgericht – Der Vogel zwitschert –
Ich bin Vegetarier – Hafer fresse ich sehr gerne –
Das Pferd wiehert – Der Elefant trötet – Das ist mein Knochen

Kreise die Redebegleitsätze ein.

Unterschrift der Lehrkraft

wörtliche Rede

Prädikat und Subjekt

Jeder Satz braucht ein **Prädikat** (Satzkern).
Das **Prädikat** ist immer ein **Verb**. Das Verb zeigt, was passiert.

Sammle Verben in der Grundform (Hilfe findest du auf Seite 34 in diesem Heft).

singen, tanzen, fliegen, ______________________

____

____

Mit dem **Prädikat** kann man nach Ergänzungen im Satz fragen.
Die wichtigste Frage ist die nach dem **Subjekt** (Satzgegenstand).
Ein Subjekt braucht man auch in jedem Satz: WER oder WAS tut etwas?

Sammle Nomen, die zu deinen gesammelten Prädikaten als **Subjekt** passen könnten.

der Bär, die Kinder, ______________________

____

____

Bilde aus den Prädikaten und den Subjekten Sätze.

Der Bär tanzt. Die Kinder singen. ______________________

____

____

Datum: ____________

Satzglieder

Jeder Satz braucht ein **Prädikat** (Satzkern).
Das **Prädikat** ist immer ein **Verb**.
Daran erkennst du, was im Satz passiert.
Mit dem **Prädikat** kann man nach Ergänzungen im Satz fragen.
Die wichtigste Frage ist die nach dem **Subjekt** (Satzgegenstand),
dieses braucht man auch in jedem Satz: **WER** oder **WAS** tut etwas?

Kreise das **Prädikat** rot und das **Subjekt** blau ein.

Die Katze jagt die Maus.

Kevin übt Klavier.

Pia trägt eine Einkaufstasche.

Dilan und Ira schreiben eine Geschichte.

Pferde fressen gerne Mohrrüben.

Viele Verben können im Satz nicht alleine stehen. Sie brauchen noch eine **Satzergänzung**. Manche Verben brauchen sogar zwei Satzergänzungen.
Du erkennst sie, wenn du die richtigen Fragen stellst.

Kreise zuerst das **Prädikat** im Satz rot ein, kreise dann das **Subjekt** blau ein.
Schreibe eine passende Frage auf und kreise die Antwort im Satz grün ein.
Das ist die **Satzergänzung**.

WO?	Der Bär lebt im Zoo.	Wo lebt der Bär?
WANN?	Ella kommt heute.	____________ ?
WEN / WAS?	Nina kauft ein Buch.	____________ ?
WEM?	Nina gibt Lisa das Buch.	____________ ?

Die Umstellprobe

Wenn du den Satz immer wieder umstellst, kannst du die einzelnen Teile des Satzes gut erkennen: Die Wörter, die zu einem Satzglied gehören, bleiben dabei immer als Block zusammen.

Kreise die Satzteile in den richtigen Farben ein, denke an die passenden Fragen.

Die Kinder singen am Morgen in der Schule.

Am Morgen singen die Kinder in der Schule.

In der Schule singen die Kinder am Morgen.

Singen die Kinder am Morgen in der Schule?

Kreise das Prädikat, das Subjekt und die verschiedenen Satzergänzungen farbig ein. Mit der Umstellprobe kannst du herausfinden, welche Wörter als Satzglied zusammengehören. Wie viele Möglichkeiten den Satz umzustellen findest du?
Schreibe sie auf.

Herr Meier fuhr mit seinem neuen Auto in den Graben.

Möglichst kurze Sätze bilden

Viele Verben können im Satz nicht alleine stehen. Sie brauchen noch eine **Satzergänzung**. Manche Verben brauchen sogar **zwei** Satzergänzungen.

Bilde mit den Verben Sätze, die so kurz wie möglich sind.

helfen	geben	weinen	treffen	schenken	essen
lachen	nehmen	liegen	tanzen	lernen	spielen

Lena liegt im Bett.

Sortiert die Verben in die Kästen. Sammelt weitere passende Verben.

Es gibt Verben, die brauchen meist …		
keine Satzergänzung	**eine** Satzergänzung	**zwei** Satzergänzungen
weinen	nehmen	schenken

Möglichst lange Sätze bilden

Mache deine kurzen Sätze von Seite 72 nun ganz lang.

Die kleine Lena liegt gemütlich mit ihren Kuscheltieren im großen Bett.

Welcher Satz gefällt dir am besten? Markiere ihn.

Datum: ______________________

Prädikate mit zwei Teilen

Manchmal hat **das Prädikat (der Satzkern)** zwei Teile.

Suche die beiden Teile, die zum Prädikat gehören,
und kreise sie rot ein.
Schreibe sie in der Grundform auf.

Emma schneidet viele Bilder aus. ausschneiden

Ich höre mir viele Songs an. ______________________

Der Löwe bricht aus dem Käfig aus. ______________________

Elsa sammelt im Wald Plastikmüll ein. ______________________

Sätze kürzen

Umstellprobe!

Kreise die einzelnen Satzglieder ein.
Streiche dann die Satzglieder weg,
die man nicht unbedingt für den Satz braucht.

Die Kinder spielen ~~im Garten ein aufregendes Spiel.~~

Im Zoo leben die afrikanischen Elefanten in großen Gehegen.

Kleine Zwergkaninchen brauchen jeden Tag ihr Grünfutter.

Im Korb lagen viele rote Kirschen.

Das Fahrrad muss am Fahrradständer angeschlossen werden.

Besprich und überprüfe deine Lösung mit einem anderen Kind.

Datum: ____________________

Satzglieder ergänzen

Hier fehlt noch etwas Wichtiges.
Ergänze die Sätze, damit man die Geschichte gut verstehen kann.
Kreise das **Prädikat** rot, das **Subjekt** blau und die **Satzergänzung** grün ein.

Der Zoowärter will füttern.

Der Zoowärter will die Tiere füttern.

Er holt aus dem Futterhaus.

____

Für die Elefanten braucht er.

____

Für braucht er Bananen.

____

Löwen fressen.

____

Der Zoowärter vergisst zu schließen.

____

Ein Löwenkind läuft.

____

Der Zoowärter sieht.

____

Er macht die Tür.

____

Unterschrift der Lehrkraft

Lena
liegt
im Bett

Datum: ____________

Textsorten-Quiz

Wichtig: Diese Fuchs-Seite sollst du erst bearbeiten, wenn du alle Themenblöcke und die passenden Fuchs-Seiten fertig bearbeitet hast!

Lies die Texte.
Findest du heraus, um welche Textsorte es geht?
Schreibe sie dazu.

Tagebuch, Märchen, Notiz, Anleitung, Steckbrief, Sachtext, Gedicht, E-Mail

Es war einmal ein armes Mädchen. Sie lebte in einer kleinen Hütte am Waldrand. Eines Tages fand sie im Wald einen merkwürdigen Ring. ...

Textsorte: ____________

Palina gab die Adresse von Tom ein: tom@mailbox.de. Dann schrieb sie ihm eine Nachricht und drückte auf „Senden“.

Textsorte: ____________

herrlich
der Sommer
es ist warm
ich fühle mich frei
Ferien

Textsorte: ____________

Komme gleich wieder!
Mach schon mal die Nudeln warm.
Gruß, Papa

Textsorte: ____________

Erdferkel ernähren sich überwiegend von Ameisen und Termiten. Mit ihrer klebrigen Zunge schlecken sie die Insekten auf. Die Zunge ist bis zu 30 cm lang.

Textsorte: ____________

Heute war ich mit meiner besten Freundin Clara im Kino. Der Film war echt lustig. Wir haben so gelacht, dass uns dabei die Popcornkrümel aus dem Mund geflogen sind.

Textsorte: ____________

Du brauchst: Klebstoff, Schere, Buntstifte, DIN-A4-Tonpapier.
So geht es: Falte das Tonpapier einmal längs und einmal quer ...

Textsorte: ____________

Ich heiße Demir.
Ich bin 11 Jahre alt.
Mein Hobby ist Zeichnen.
Ich habe noch zwei Schwestern.

Textsorte: ____________

→ ____________
Unterschrift der Lehrkraft

Datum: ____________________

Fachwörter-Quiz

Wichtig: Diese Fuchs-Seite sollst du erst bearbeiten, wenn du alle Seiten in diesem Heft und die passenden Fuchs-Seiten fertig bearbeitet hast.

Setze die passenden Wörter ein.

> Artikel (Begleiter) – Verben (Tuwörter) – Satzglieder – Vergangenheit – Wortarten – Pronomen (Fürwörter) – Prädikat (Satzkern) – Zukunft – Adjektive (Wiewörter) – Gegenwart – Subjekt (Satzgegenstand) – Nomen (Namenwörter)

Artikel, Nomen, Adjektive, Verben und Pronomen sind ____________________.

Subjekt und Prädikat sind ____________________.

Der Teil eines Satzes, der zeigt, **wer** oder **was** etwas tut, heißt ____________________.

Die Wörter **der**, **die**, **das** und **ein**, **eine** nennt man ____________________.

Wörter, die **für** ein **Nomen** eingesetzt werden, heißen ____________________.

Wenn etwas **früher** passiert ist, geschah es in der ____________________.

Wörter für Lebewesen, Gegenstände oder Gefühle nennt man ____________________.

Der Teil eines Satzes, der zeigt, **was** passiert, heißt ____________________.

Wörter, die sagen, **was** jemand macht oder **was** geschieht, heißen ____________________.

Wenn etwas **jetzt** gerade passiert, dann geschieht es in der ____________________.

Wenn etwas erst **später** passieren wird, geschieht es in der ____________________.

Wörter, die sagen, **wie** etwas ist oder geschieht, heißen ____________________.

→ ____________________ Unterschrift der Lehrkraft

Datum:

Das kann ich.

	Kreuze an:	Für die Lehrkraft:
Ich kann Adjektive für Beschreibungen sammeln und nutzen.	☺ 😐 ☹	✓ →
Ich kann Adjektive steigern.	☺ 😐 ☹	✓ →
Ich kann Adjektive nutzen, um in Texten besondere Stimmungen oder Bilder zu erzeugen.	☺ 😐 ☹	✓ →
Ich kann zu einem Thema recherchieren und die wichtigsten Informationen aufschreiben.	☺ 😐 ☹	✓ →
Ich kann ein Plakat gestalten und dazu einen Vortrag halten.	☺ 😐 ☹	✓ →
Ich kann eine Anleitung verständlich aufschreiben.	☺ 😐 ☹	✓ →
Ich kann Nomen durch passende Pronomen ersetzen.	☺ 😐 ☹	✓ →
Ich kann Verben in der Grundform aufschreiben.	☺ 😐 ☹	✓ →
Ich kann Verben in der richtigen Personalform ergänzen.	☺ 😐 ☹	✓ →
Ich kann Texte in verschiedenen Zeitstufen schreiben: Gegenwart, Vergangenheit, Zukunft.	☺ 😐 ☹	✓ →
Ich kann Verben in verschiedenen Zeitformen für meine Texte nutzen.	☺ 😐 ☹	✓ →
Ich kann Sätze den richtigen Zeitstufen zuordnen.	☺ 😐 ☹	✓ →
Ich kann Parallelgedichte schreiben.	☺ 😐 ☹	✓ →

Datum:

Das kann ich.

	Kreuze an:	Für die Lehrkraft:
Ich kann einen Text aus der Sicht einer von mir erfundenen Person schreiben.	☺ 😐 ☹	✓ →
Ich kann ein Lerntagebuch schreiben.	☺ 😐 ☹	✓ →
Ich kenne Satzglieder wie Prädikat (Satzkern), Subjekt (Satzgegenstand) und Satzergänzung.	☺ 😐 ☹	✓ →
Ich kann fehlende Satzglieder ergänzen.	☺ 😐 ☹	✓ →
Ich kann verschiedene Textsorten erkennen.	☺ 😐 ☹	✓ →
Ich kenne viele Fachwörter.	☺ 😐 ☹	✓ →

Ich habe eigene Schreibideen.	☺ 😐 ☹	✓ →
Ich kann Texte planen.	☺ 😐 ☹	✓ →
Ich kann einen Entwurf schreiben.	☺ 😐 ☹	✓ →
Ich kann einen Text überarbeiten.	☺ 😐 ☹	✓ →
Ich kann anderen Tipps für ihre Texte geben.	☺ 😐 ☹	✓ →
Ich kann einen Text in eine schöne Form bringen.	☺ 😐 ☹	✓ →
Ich kann anderen meine Texte vorstellen.	☺ 😐 ☹	✓ →

Datum: ____________

Unsere Vereinbarungen

Unsere Vereinbarung am:	Erledigt am:
	Datum

Unsere Vereinbarung am:	Erledigt am:
	Datum

Unsere Vereinbarung am:	Erledigt am:
	Datum

Unsere Vereinbarung am:	Erledigt am:
	Datum

Unsere Vereinbarung am:	Erledigt am:
	Datum